W9-DHJ-166

GRANDES PERSONAJES EN LA HISTORIA DE LOS ESTADOS UNIDOS™

PAUL REVERE

JINETE DE LA GUERRA DE INDEPENDENCIA

ROSE McCARTHY

TRADUCCIÓN AL ESPAÑOL:
TOMÁS GONZÁLEZ

The Rosen Publishing Group, Inc.
Editorial Buenas Letras™
New York

Published in 2004 by The Rosen Publishing Group, Inc.
29 East 21st Street, New York, NY 10010

First Spanish Edition 2004
First English Edition 2004

Cataloging Data

McCarthy, Rose.
[Paul Revere. Spanish]
Paul Revere: Jinete de la Guerra de Independencia /Rose McCarthy.— 1st ed.
    v. cm. — (Grandes personajes en la historia de los Estados Unidos)
Includes bibliographical references (p.) and index.
Contents: Paul Revere's early years—An American patriot—The midnight ride—The Battle of Lexington and Concord—After the Revolutionary War.
ISBN 0-8239-4142-6 (lib. bdg.)
ISBN 0-8239-4236-8 (pbk.)
6-pack ISBN 0-8239-7610-6
1. Revere, Paul, 1735-1818—Juvenile literature. 2. Statesmen—Massachusetts—Biography—Juvenile literature. 3. Massachusetts—Biography—Juvenile literature.
4. Massachusetts—History—Revolution, 1775-1783—Juvenile literature. [1. Revere, Paul, 1735-1818. 2. Silversmiths. 3. Massachusetts—History—Revolution, 1775-1783.
4. Spanish language materials.]
I. Title. II. Series. Primary sources of famous people in American history. Spanish.
F69.R43M35 2003
973.3'311'092—dc21

Manufactured in the United States of America

Photo credits: cover courtesy of Morristown National Historical Park; pp. 4, 12, 18, 24 Library of Congress Prints and Photographs Division; p. 5 © Francis G. Mayer/Corbis; pp. 7, 19, 22 courtesy of Massachusetts Historical Society; p. 9 © A.K.G. Berlin/SuperStock, Inc.; pp. 10, 13, 29 © Hulton/Archive/Getty Images; p. 11 Private Collection/The Bridgeman Art Library; p. 15 New-York Historical Society, New York, USA/The Bridgeman Art Library; p. 17 image supplied by Commission of the Old North Church™; pp. 20, 21 Library of Congress Geography and Map Division; p. 23 Print Collection, Miriam and Ira D. Wallach Division of Art, Prints and Photographs, the New York Public Library, Astor, Lenox, and Tilden Foundations; p. 25 courtesy of the Concord Free Library; pp. 26, 28 Collection, Paul Revere Memorial Association; p. 27 courtesy of Worcester Art Museum, Worcester, MA, Gift of Frances Thomas and Besie Sturgis in memory of Frederick William Paine.

Designer: Thomas Forget; Editor: Jill Jarnow; Photo Researcher: Rebecca Anguin-Cohen

CONTENIDO

1 LOS PRIMEROS AÑOS DE PAUL REVERE

Es posible que sepas de la famosa cabalgada de Paul Revere. Revere avisó a los colonos de la llegada del ejército británico y contribuyó así a que las colonias norteamericanas se convirtieran en los Estados Unidos de América. Pero hay mucho más que debes saber sobre Paul Revere, un valiente y talentoso patriota.

Este retrato de Paul Revere fue pintado en acuarela sobre marfil a principios de la década de 1800.

En 1931, Grant Wood pintó este cuadro de la cabalgada de medianoche de Paul Revere. Pinturas como ésta ayudan a mantener vivas las leyendas estadounidenses.

Paul nació en Boston en 1735. Boston era una colonia de Massachusetts. Su padre, inmigrante francés, era platero. Más o menos a los 13 años de edad, Paul entró al taller de su padre como aprendiz.

En 1754 murió el padre y Paul se hizo cargo del negocio de la familia. Se casó con Sarah Orne en 1757.

AL SONAR DE LAS CAMPANAS

Paul fue también campanero de la iglesia. Una tarde cada semana tocaba las campanas durante dos horas. Tocarlas era trabajo duro, pues pesaban casi una tonelada.

WHEREAS many Persons are so unfortunate as to lose their Fore-Teeth by Accident, and otherways, to their great Detriment, not only in Looks, but speaking both in Public and Private :—This is to inform all such, that they may have them re-placed with artificial Ones, that looks as well as the Natural, & answers the End of Speaking to all Intents, by *PAUL REVERE*, Goldsmith, near the Head of Dr. *Clarke*'s Wharf, *Boston*.

. All Persons who have had false Teeth fixt by Mr. *John Baker*, Surgeon-Dentist, and they have got loose (as they will in Time) may have them fastened by the above, who learnt the Method of fixing them from Mr. *Baker*.

Paul Revere también trabajó como dentista. Utilizaba oro para hacer dientes postizos. Este anuncio se publicó en el diario *Boston Gazette* en 1768.

2 UN VERDADERO PATRIOTA

Los británicos gobernaban las colonias norteamericanas. En 1765, Paul participó en la creación de un grupo llamado Los Hijos de la Libertad. Odiaban los impuestos y las injusticias británicas. Los británicos los llamaban rebeldes. Los Hijos de la Libertad se consideraban a sí mismos patriotas.

En 1770, soldados británicos dispararon a colonos revoltosos. Cinco personas murieron en lo que se llamó la Matanza de Boston.

IMÁGENES DE PAUL REVERE

Paul también hacía grabados con plancha de cobre y creó una imagen famosa de la Matanza de Boston.

La Matanza, por Revere. Paul copió un dibujo de Henry Pelham y lo publicó primero. Esto provocó la furia de Pelham.

La mujer de Paul, Sarah, murió en 1773.
Acababa de dar a luz a su octavo hijo. Poco
tiempo después Paul se casó con Rachel Walker.

Ese mismo año los británicos le pusieron un
impuesto muy alto al té. Paul y los Hijos de la
Libertad organizaron la rebelión llamada Fiesta
del Té de Boston. Muchos de ellos se vistieron
como indios norteamericanos y arrojaron cajas
de té británico a la bahía de Boston.

ADVERTISEMENT.

THE Members of the Aſſociation of the Sons of
Liberty, are requeſted to meet at the City-Hall,
at one o'Clock, To-morrow, (being Friday) on Buſi-
neſs of the utmoſt Importance ;—And every other Friend
to the Liberties, and Trade of America, are hereby
moſt cordially invited, to meet at the ſame Time and
Place. *The Committee of the Aſſociation.*

Thurſday, NEW-YORK, 16th December, 1773.

Los Hijos de la Libertad eran patriotas
norteamericanos. En este periódico se
anuncia una reunión del grupo en el
ayuntamiento de Nueva York en 1773.

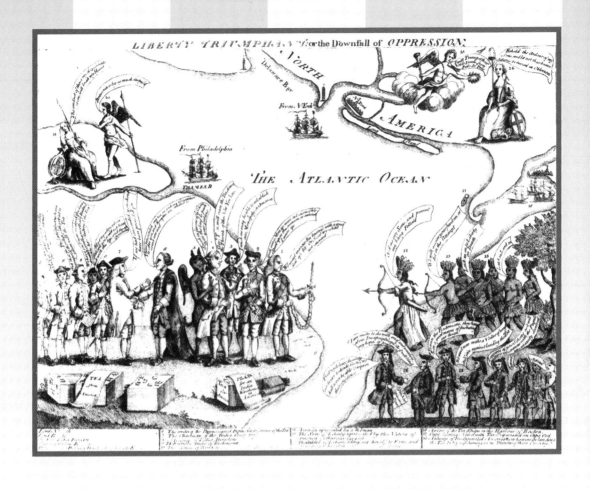

El título de este dibujo es *La libertad triunfante o El fin de la opresión*. En tiempos modernos esto lo expresaríamos diciendo algo así como: "Lo primero es la libertad. No seremos oprimidos por nadie".

Durante 1773, Paul también llevó mensajes a líderes patriotas de otras ciudades. Viajó a sitios tan alejados como Nueva York y Maine.

En muchos pueblos empezaron a entrenarse grupos de patriotas. Debían estar listos para luchar contra los ingleses en cualquier momento.

Muchos colonos se volvieron patriotas.

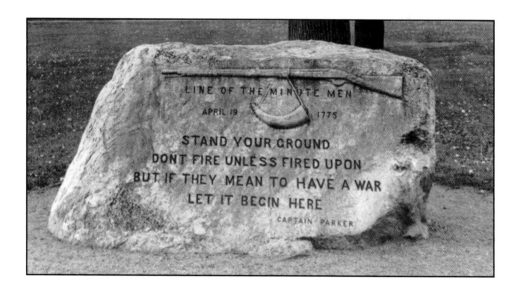

Esta piedra en Lexington Green señala el lugar donde el capitán John Parker y unos 70 patriotas lucharon contra los ingleses en 1775. Murieron ocho patriotas.

Laſt Wedneſday Night died, *Patrick Carr*, an Inhabitant of this Town, of the Wound he received in King-Street on the bloody and execrable Night of the 5th Inſtant——He had juſt before left his Home, and upon his coming into the Street received the fatal Ball in his Hip which paſſed out at the oppoſite Side ; this is the fifth Life that has been ſacrificed by the Rage of the Soldiery, but it is feared it will not be the laſt, as ſeveral others are dangerouſly languiſhing of their Wounds. His Remains were attended on Saturday laſt from Faneuil-Hall by a numerous and reſpectable Train of Mourners, to the *ſame* Grave, in which thoſe who fell by the *ſame* Hands of Violence were interred the laſt Week.

El colono Patrick Carr fue muerto en 1770 por soldados británicos al frente de su casa durante la Matanza de Boston. Paul Revere imprimió en placa de cobre y publicó el anuncio de su muerte.

3 LA CABALGADA DE MEDIANOCHE

En abril de 1775, los patriotas se dieron cuenta de que los británicos atacarían pronto. Dos líderes patriotas, Samuel Adams y John Hancock, se encontraban en Lexington, Massachusetts. Los patriotas almacenaron armas y provisiones en la vecina población de Concord.

¿SABÍAS QUE...?

Paul ayudó a espiar a los británicos. Él y otros patriotas patrullaban las calles por las noches y observaban los movimientos de los soldados rivales.

Samuel Adams fue un importante líder patriota. El objetivo de la cabalgada de Paul Revere era advertirle a Samuel Adams y John Hancock que los británicos venían a arrestarlos.

El 18 de abril se reunieron los británicos. Líderes patriotas pidieron a Paul que difundiera la noticia, y él comenzó su cabalgada de medianoche.

Paul fue a la iglesia *Christ Church* y pidió a sus conocidos que colgaran dos lámparas del campanario. Era una señal dirigida a la ciudad vecina de Charlestown y significaba que los británicos llegarían por mar. Paul cruzó en secreto el río en una lancha.

UN POEMA SOBRE PAUL

Un poema de Henry Wadsworth Longfellow contribuyó a que Paul se convirtiera en héroe popular. Comienza con las siguientes palabras:

"Escuchad, hijos míos, y oiréis
sobre la cabalgada de medianoche de Paul Revere".

Esta lámpara es copia exacta de las que se usaron como señal en el campanario de la iglesia *Christ Church* la noche de la cabalgada de Paul Revere.

Paul pidió prestado un caballo y cabalgó hasta Lexington. Patrullas británicas trataron de detenerlo, pero él fue más veloz. Daba la voz de alarma en cada casa que pasaba. Llegó a Lexington y alertó a Adams y a Hancock.

Los ingleses lo capturaron cuando se dirigía a Concord, pero otro jinete escapó y continuó dando la voz de alarma. Poco después dejaron libre a Paul.

Esta es una famosa pintura de la cabalgata de Paul Revere cerca de Boston el 18 de abril de 1775.

and went up steps, more like a man that was acquainted than a prisoner. Sometime after, perhaps a year or two, I fell in company with a Gentleman who studied with Church; in discoursing about him, I related what I have mentioned above; He said, He did not doubt that He was in the interest of the Brittish; & that it was He who informed Gen'l Gage, that He knew for certain, that a short time before the Battle of Lexington, for He then lived with Him, & took care of his Business & Books; He had no money by him, & was much drove for money; that at once, He had several Hundred New Brittish Guineas; & that He thought at the time, where they came from.

Thus, Sir, I have endeavoured to give you a short detail of some matters, which perhaps no person but my self have documents, or knowledge. I have mentioned some names which you are acquainted with; I wish you would ask them, if they can remember the Circumstances I allude to.

I am, Sir, with every Sentiment of esteem, your Humble Servant,

Paul Revere

Col. Revere's Letter.

A Letter from Col. Paul Revere to the Corresponding Secretary

En esta carta de 1798, Paul Revere escribe sobre las misiones que desempeñó como mensajero. Dice que uno de los hombres que trabajó con él probablemente era espía británico.

4 LA BATALLA DE LEXINGTON Y CONCORD

Gracias a Paul, los patriotas de Lexington se encontraban preparados. Alrededor de 70 hombres se vieron frente a una fuerza inglesa de más de 600. Alguien disparó un mosquete. Nadie sabe quién disparó primero. Los dos bandos intercambiaron disparos. Los patriotas retrocedieron. Los británicos marcharon hacia Concord.

A PLAN OF THE
TOWN and HARBOUR of
BOSTON.
and the Country adjacent with the Road
from Boston to Concord
Shewing the Place of the late Engagement
between the King's Troops & the Provincials,
together with the several Encampments of
both Armies in & about Boston.

Taken from an Actual Survey
Humbly Inscribed to Rich'd Whitworth
Esq'e Member of Parliament for Stafford
By his most Obedient Servant
J. De Costa

REFERENCES
1 The Nautilus Man of War being above Charles Town ferry 400 yards to Boston
2 The Somers Man of War
3 Men of War before Boston
4 Gen' Gage's Camp on the Common
5 Bacon Hill
6 Fort Hill
7 Copps Hill
8 Gen' Gage's Lines on on Boston Neck
9 The Fortifications
10 South Battery
11 North Battery
12 Provincial Battery mounted by the King's Troops in the Roads over
13 Bunkers Hill at the T
14 School Hill at IV
15 Stores & cannon destr by the Kings Troops
16 The Schooner burnt at Noddles Island by Gen' Putnam
17 Watch Boat from the Men of War
18 Gen' Thomas's lines on Boston Neck
19 Mill Pond

En Inglaterra fue trazado un mapa después de las batallas de Lexington y Concord. En él aparecen zonas de interés para el ejército británico. Aquí vemos una guía para el mapa.

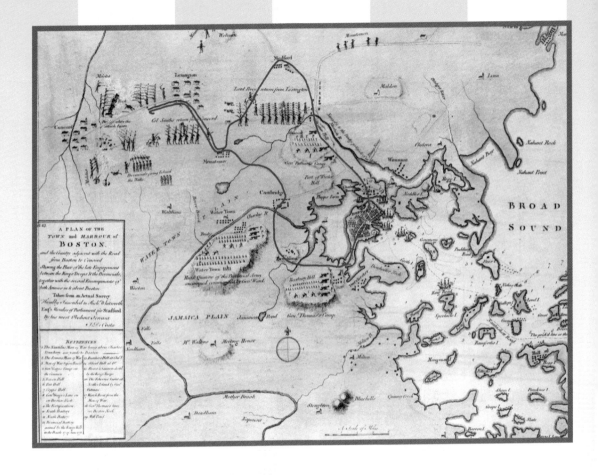

La línea roja muestra la ruta de Paul Revere la noche en que emprendió su famosa cabalgada. Las líneas azul y anaranjada muestran el camino de William Dawes y Samuel Prescott, los otros mensajeros.

Cientos de patriotas esperaban a los británicos en Concord. Los dos bandos batallaron en el puente *North Bridge.*

Los británicos marcharon de regreso a Lexington. Los patriotas continuaron disparándoles sobre ellos desde los lados del camino. A ese camino se lo conoce hoy como *Battle Road* o Camino de la Batalla.

Obra de Paul Revere titulada *Vista del año 1765.* La gente de la izquierda apoya a las colonias norteamericanas. Una serpiente representa al rey de Inglaterra.

En esta ilustración el ejército británico marcha de regreso a
Boston. Acaban de enfrentarse al ejército patriota en
Lexington y Concord. La gente que presenció estos hechos
describió al artista, Amos Doolittle, lo que había ocurrido.

Mientras las tropas británicas se retiraban hacia Boston los patriotas atacaban. Fue una victoria muy importante para los patriotas.

La Guerra de Independencia había comenzado. Paul se unió al ejército. Murieron muchos soldados. Paul fue expulsado porque no obedecía las órdenes. Más tarde limpiaría el honor de su nombre.

William French, de 22 años de edad, fue el primer patriota muerto en la Guerra de Independencia. Le disparó un oficial británico en Vermont un mes antes de las batallas de Lexington y Concord.

En 1775, soldados patriotas se escondieron en este camino y les dispararon a los soldados británicos. Los británicos se retiraban hacia Boston después de la batalla de Concord.

5 DESPUÉS DE LA GUERRA DE INDEPENDENCIA

La guerra terminó en 1783. Paul se dedicó a su negocio y a su familia. Sus once hijos crecieron y su taller de platería dio más dinero que nunca.

Paul amplió su negocio y montó una fundidora. Producía pequeñas piezas de metal para barcos, como clavos y pernos. También fabricaba enormes campanas.

La fábrica *Copper Rolling Mill* era propiedad de Paul Revere. La fábrica produjo estos tornillos y clavos de cobre en 1819 aproximadamente. Se utilizaron en la construcción de un barco llamado *USS New Hampshire*.

Paul Revere fabricó este bello juego de té de plata en 1773. Lo encargó el doctor William Paine para regalárselo a su prometida.

A los 66 años de edad Paul montó una fábrica procesadora de cobre. La armada utilizaba su cobre para construir el fondo de los barcos.

Rachel Revere murió en 1813. Paul falleció en 1818. El país lamentó la muerte de un gran patriota. Hoy en día rendimos a Paul los honores que merece un verdadero héroe de la patria.

Paul Revere utilizaba esta tarjeta para hacerle propaganda a la fundición de la que él y su hijo eran propietarios.

Este grabado de Paul Revere fue hecho en 1801.
Tenía 66 años de edad.

CRONOLOGÍA

1735—Paul Revere nace Boston.

1757—Paul se casa con Sarah Orne.

1765—Se empiezan a reunir los Hijos de la Libertad.

1770—Se produce la Matanza de Boston.

1773—Muere Sarah, la primera mujer de Paul. Paul se casa con Rachel Walker. El 16 de diciembre se produce la Fiesta del Té de Boston.

1775—El 18 de abril Paul emprende su cabalgada de medianoche. El 19 de abril se libran las batallas de Lexington y Concord.

1783—Termina la Guerra de Independencia.

1813—Muere Rachel, segunda mujer de Paul.

1818—Paul muere en Boston.

GLOSARIO

aprendiz (el, la) Persona que aprende un oficio trabajando con alguien experimentado.

fundidora (la) Lugar donde se derrite y se da forma al metal.

grabado (el) Impresión que se hace utilizando una superficie tallada o grabada.

inmigrante (el, la) Alguien que sale de un país para vivir en otro.

matanza (la) Acto de matar un gran número de personas o animales.

patriota (el, la) 1. Persona que ama y defiende su país. 2. Colono norteamericano que creía que Norteamérica debía liberarse del gobierno británico

platero (el) Alguien que fabrica objetos de plata.

rebelde (el, la) Persona que desobedece a la gente o al país que gobierna.

reunirse Juntarse las personas.

SITIOS WEB

Debido a las constantes modificaciones en los sitios de Internet, Rosen Publishing Group, Inc., ha desarrollado un listado de sitios Web relacionados con el tema de este libro. Este sitio se actualiza con regularidad. Por favor, usa este enlace para acceder a la lista:

http://www.rosenlinks.com/fpah/prev

LISTA DE FUENTES PRIMARIAS DE IMÁGENES

Portada: Retrato al óleo de Paul Revere por Frederick B. Revere. Fue pintado en 1872, aproximadamente, y se encuentra en el museo National Portrait Gallery, de Washington, D.C.

Página 4: Retrato de Paul Revere atribuido a Gilbert Stuart (1755–1828). Acuarela en marfil. Se encuentra en el Museo de Arte de Filadelfia.

Página 7: Anuncio publicado en el periódico *Boston Gazette* con fecha de 19 de septiembre de 1768. Cortesía de la Sociedad Histórica de Massachusetts.

Página 9: *Matanza sangrienta*, grabado de 1770 por Paul Revere según dibujo de Henry Pelham.

Página 10: Anuncio en que se convoca una reunión de los miembros de la sociedad Hijos de la Libertad en la ciudad de Nueva York para el 16 de diciembre de 1773. Hulton/Archive/Getty Images.

Página 11: *La libertad triunfante o El fin de la opresión*. Grabado de 1773, Escuela Norteamericana. Se encuentra en la biblioteca Bridgeman Art Library.

Página 13: Obituario de Patrick Carr. Artículo en hoja suelta del 5 de marzo de 1770, impreso y publicado por Paul Revere. Hulton/Archive/Getty Images.

Página 15: Samuel Adams (1722-1803), óleo de la Escuela Norteamericana, 1770-1772, aproximadamente. Se encuentra en la Sociedad Histórica de Nueva York en la biblioteca Bridgeman Art Library.

Página 19: Carta del coronel Paul Revere a Jeremy Belknap, 1798. Pertenece a la colección de manuscritos de la Sociedad Histórica de Massachusetts.

Página 20: *"El plan para el pueblo y la bahía de Boston y tierras adyacentes"*, grabado de Charles Hall y publicado en Londres por J. De Costa, 29 de julio de 1775.

Página 21: Este mapa se encuentra en la División de Geografía y Mapas de la Biblioteca del Congreso, Washington, D.C.

Página 22: *Vista del año 1765.* Grabado de Paul Revere. Sociedad Histórica de Massachusetts

Página 23: *Retirada de los británicos de Boston.* Grabado de Amos Doolittle inspirado en relatos de testigos. Cortesía del instituto Historical Society de Massachusetts.

Página 26: Piezas de cobre producidas por la fábrica de Paul Revere en 1819 aproximadamente, en Canton, Massachusetts, para el *USS New Hampshire.* Instituto Paul Revere Memorial Association.

Página 27: Juego de té fabricado por Paul Revere, en plata, 1773. Encargo del doctor William Paine para su esposa, Lois Orne. Museo de Arte de Worcester.

Página 28: Tarjeta de negocios de Paul Revere e hijo, impresa por Thomas Clarke entre 1796 y 1803. Esta impresión se hizo en 1944. Instituto Paul Revere Memorial Association.

Página 29: *Revere.* Grabado por Charles Saint Memin, 1801. Hulton/Archive/Getty Images.

ÍNDICE

ACERCA DEL AUTOR

Rose McCarthy es música y escritora. Vive en Chicago, Illinois.

BAYVIEW AVE SCHOOL LIBRARY

McCarthy, Rose.
Paul Revere : jinete
de la Guerra de
Independencia

SP
MCC
REV

4176
B

3163/

BORROWER'S NAME	ROOM NO.

McCarthy, Rose.
Paul Revere : jinete
de la Guerra de
Independencia

17.00   3163/

4/8 L
13
Rev